AF451741

Les

Minutes Parisiennes

IL A ÉTÉ TIRÉ

108 exemplaires sur papier de Chine,
et 28 exemplaires sur papier du Japon

Numérotés à la presse.

Collection **BELTRAND et DÉTÉ**

Les Minutes Parisiennes

3 HEURES

Les Courses, le Grand Prix de Paris

PAR

LÉON MILLOT

Illustrations de A. GÉRARDIN

PARIS

LIBRAIRIE PAUL OLLENDORFF

28 *bis*, RUE DE RICHELIEU, 28 *bis*

1899

ur l'épais gazon du *pad-dock*, dans le frais décor de verdure et de fleurs, le « diamant » dessiné de chaque côté de la croupe, la crinière nattée, les chevaux de cent mille francs, les *cracks*, en argot de turf, se promènent en rond, tenus en main par des *lads*.

Et tandis que la foule s'écrase aux guichets du pari-mutuel, qu'on décoiffe aux buffets les bouteilles de champagne, que les « mannequins » des grands couturiers paonnent dans des costumes de cinquante louis, et que ceux qui sont venus pour voir le Président défilent devant la tribune officielle, les connaisseurs inspectent les concurrents en échangeant leurs impressions.

— Qu'est-ce que vous dites de l'insulaire ? Entraîné « à l'heure », hein ! prêt à courir pour la vie d'un homme, mais commun, pas de sang, bâti en steeple-chaser... Ah ! voilà Naphtol, un vrai Dollar, distingué, harmonieux, de l'espèce à revendre, avec le front busqué de la race, a-t-il l'air d'un gentleman, cet animal-là !... Et il paraît avoir encore gagné quelques livres depuis Chantilly. Ça n'est pas comme Fil de Fer, le gagnant du Jockey, défraîchi, passé de condition, trouvez pas? Mais une belle silhouette tout de même... Regardez-moi ce passage de sangles, cette sortie d'encolure... Et quels aplombs!... Algésiras n'a pas changé... pas commode à entraîner un cheval de cette importance, avec des membres aussi grêles; toujours l'air un peu girafe et ensellé avec ça... Quelle différence avec Florin, près de terre, trapu, rablé, des jambes en fer forgé, un vrai *pocket Hercules*, comme ils disent là-bas...

A côté, le champignon, sous lequel s'abritait naguère la cohorte des bookmakers, est désert. Déjà, dans les dernières années, ce n'était plus qu'avec discrétion qu'ils murmuraient la cote, la « belle cote ». Finies les clameurs assourdissantes de leurs confrères d'outre-Manche, qui passaient le détroit pour la circonstance, et mêlaient leurs offres à celles des « donneurs » habituels du *ring*. On ne les entendra plus racoler le client dans leur idiome national, et le traditionnel *All back one !* destiné à allumer le parieur récalcitrant n'alternera plus avec l'annonce criée de la cote, l'antique *even money on the field*, le *three to one bar one*, lancé librement à plein gosier.

Les beaux jours des chevaliers du carnet réduits à parier au livre et à subir l'inévitable « lapin », étaient passés, les rangs des anciens *listmen* étaient sensiblement éclaircis quand l'intervention d'un député à cheval — c'est le mot — sur la loi de 1891 a déterminé leur suppression. On les voit encore errant comme des âmes en pei-

ne dans le pesage et fai- sant dans les petits coins une ou deux opérations avec quelque client de conséquence. Mais on peut dire qu'en réalité ils n'existent plus qu'à l'état de parieurs individuels, et beaucoup de propriétaires ont pris l'habitude de parier entre eux. Ils s'offrent et se prennent des chevaux dans l'enclosure qui entoure la salle des balances, et le *betting* sur le Grand Prix donne lieu à une spéculation particulièrement animée.

Fil de Fer est à égalité, et en marchandant on finit par obtenir 11 contre 10. On prend Florin à 3, Naphtol à 6, on trouve 12 contre Algésiras et les autres sont offerts de 16 à 60 contre 1. Il se joue de petites fortunes sur un coup de crayon. Un *plunger* connu met en trois ou quatre paris mille louis sur Naphtol pour gagner cent vingt mille francs. Et les *poneys* et les *monkeys* pleuvent sur le favori. Il n'est pas besoin de connaître à fond la langue de Chamberlain pour savoir que le premier de ces vocables désigne un cheval et le second un singe. Mais dans le jargon qui a cours sur les hippodromes, un *poney* c'est cinq cents francs, un *monkey*, cinq cents livres ou douze mille cinq cents francs.

Mais c'est aux baraques du pari mutuel que se rue la foule, qu'affluent les louis et les pièces blanches, que s'engouffrent les grands formats et les coupures. Il y a l'unité à dix francs et l'unité à cinq cents. Aux bureaux ordinaires chargés de recevoir à chaque course l'argent des pontes, on a ajouté des guichets supplémentaires, spécialement consacrés à l'épreuve sensationnelle, et dès le commencement de la journée on y reçoit les paris sur les concurrents du Grand Prix.

Des queues s'allongent devant les baraques, des tronçons de foule serrée ondulent dans les remous de l'océan humain qui déferle derrière les tribunes. Toutes les variétés de joueur y sont représentées, depuis

l'habitué qui maudit ces solennités
sportives où il faut faire d'intermi-

nables stations et s'exposer aux ren-
foncements pour obtenir un ticket
du Mutuel, et qui regrette ces jeudis de Longchamps où l'on parie à

l'aise, en ordre dispersé, jusqu'au quidam qui ne va aux courses que ce jour-là et ne parie que sur le Grand Prix.

Il y a le ponteur méthodique qui suit un système, opère d'après une martingale ou une progression mathématique, et le fantaisiste qui joue un numéro, adopté pour les dix courses. Celui-ci étudie les *pedigrees*, potasse les filiations, joue la descendance de Monarque ou d'Energy, cet autre « suit » un jockey ou les pronostics de son journal, un troisième ne prend jamais que le favori de la dernière heure, tandis que son voisin ne se plaît qu'aux

outsiders. Les petites femmes cher-
chent sur le programme un nom de
coursier sympathique, les malins
pontent l'écurie White qui s'est fait
une spécialité de la timbale du
Grand Prix.

Sur la pelouse, où la simple « roue
de derrière » est
l'unité, on s'écrase
avec encore plus
d'entrain, et les
autels du dieu cou-
peur de bourse et
dévaliseur d'escar-
celle sont frénéti-
quement assaillis.
Les uns sont ve-

nus pour gagner leur « matérielle »,
les autres pour obéir à l'atavisme
qui, à cette date fatidique, pousse la
population parisienne vers l'hippodrome de Longchamps.

Ils y sont arrivés par les moyens
de locomotion les plus variés, chemin de fer, bateaux-mouches, bicyclettes, tapissières et roulottes de
toutes formes et de toutes natures.
Beaucoup sont partis le matin, afin
de parcourir toute la gamme des
plaisirs de l'exode dominical, promenade au bois, déjeuner sur l'herbe,
émotions du turf, brève vision des
élégances retour de Longchamps.
Ils ont envahi les pelouses, ont cher-

ché le voisinage des minuscules rivières où l'on met le vin à rafraichir.
Et deux heures après, des débris de
volaille et de charcuterie, des frag-
ments de journaux des nuances les
plus diverses, mais uniformément
graisseux, des bouteilles vides, jon-
chent le gazon foulé aux pieds de
milliers de promeneurs.

Mais ce préambule gastronomique
dans le vert décor du bois n'est
qu'un épisode dans le programme
de la journée. Le Grand Prix est la
grosse affaire, l'événement vers quoi
ont convergé tous les gestes et toutes
les pensées du Parisien. Ils sont là
cinquante mille pour qui la grande

épreuve internationale est la revanche
attendue d'Azincourt et de Mont-

Saint-Jean. Sans doute le souvenir
de Trafalgar est poignant, mais le
triomphe du champion français ré-
conforte légitimement les cœurs, et
quand sur le poteau il bat d'une longueur de chanfrein le représentant

de la perfide Albion, l'ivresse de nos compatriotes ne connaît plus de bornes, et Grouchy en est oublié.

Ce n'est pas qu'au fond la victoire soit aussi française qu'on le suppose, nos chevaux de pur sang étant d'origine anglaise, comme le pur-sang anglais n'est qu'un arabe modifié par la sélection et l'entrainement. Même quelques-uns des vainqueurs du Grand Prix, comme Frontin et Little-Duck, ne furent français que par une fiction bénévole, issus en réalité de géniteurs purement britanniques. S'ils portent l'étiquette nationale, c'est que leur mère, mise à mal par quelque mauvais sujet d'Outre-Manche, traversa le détroit pour cacher son déshonneur et vint faire ses couches sur la terre française. Ce sont, en réalité, de simples naturalisés. Quand on aura ajouté que les entraîneurs qui président à leurs galops sont anglais de la plante des pieds à la racine des cheveux, et que les réductions d'humanité perchées sur leur dos pour les conduire à la victoire sont originaires d'Epsom ou de Newmarket, à moins qu'on ne les fasse venir, comme Sloan, d'Amérique, on verra qu'ils n'ont de français que le nom de leur propriétaire.

Mais le patriotisme chevalin n'y regarde pas de si près, et pourvu

que les concurrents qui passent la
Manche pour disputer la timbale de
200.000 francs soient battus, il n'en
demande pas davantage. Il est con-
vaincu que la statue de Wellington
en tressaille de dépit dans Hyde-
Park, et que le léopard britannique
en aura l'oreille basse comme de la
défaite de Jameson.

Le fait est que John Bull ne chi-
cane point, et ne cherche pas à
atténuer par de subtiles *distinguo*
les piles qu'il reçoit dans l'incomparable champ clos du bois. Lorsque
son représentant l'emporte, il pousse
de bruyants : hip ! hip ! hurrah ! jette
son chapeau en l'air, et absorbe des

cocktails variés et de nombreux cherry cobblers alternés de champagne extra-dry. Quand il est battu, les grandes douleurs étant muettes autant que dépourvues de gesticulation, il renfonce ses hurrah et son chapeau, mais ne renonce pas aux libations consolantes, et noie énergiquement son chagrin dans le whisky et le brandy and soda.

Il semble, d'ailleurs, que depuis quelques années nos voisins visent moins passionnément le *big event*. Longtemps le fléau de la balance chevaline est resté indécis entre la France et l'Angleterre, et à une victoire près, ils étaient manche à

manche avec nous en 1886, époque
à laquelle ils remportèrent le Grand
Prix pour la dernière fois avec Min-
ting. Encore qu'à partir de 1892, le
montant en ait été doublé et porté
à 200.000 francs, et qu'avec les
entrées il dépasse généralement
250.000 francs, les Anglais réser-
vent souvent leurs champions pour
Ascot ou pour les Eclipse Stakes de
Sandown Park, dont l'allocation est
presque aussi élevée. Le vainqueur
du Derby imite M. Choufleury, qui
restait chez lui, peu soucieux de
disputer des lauriers qui sont parfois à la merci d'une mauvaise tra-
versée ou d'un changement d'air mal

supporté. En 1896, aucun concurrent étranger n'a pris part au Grand Prix. En 1897, il n'y avait qu'un très médiocre américain.

On est moins « nationaliste » au pesage que dans l'enceinte à un franc, et ceux qui ne sont pas venus pour jouer sont là en snobs, pour faire du chic, pour se montrer, convaincus qu'ils seraient déshonorés si, à cette date décrétée par l'almanach, on les voyait, sur le coup de trois heures du soir, ailleurs qu'en cet endroit très parisien, rendez-vous de la fashion et de la gomme.

Sans doute cette solennité tourne

un peu plus chaque année à la cohue,
et elle est devenue une sorte de
kermesse de la mode, une grande
manifestation costumière qu'on croi-
rait instituée par un syndicat de couturiers et de modistes. Ce diman-
che de juin
nous donne
le *la* des élé-
gances esti-
vales, et les
grands fai-
seurs y lan-
cent la robe
inédite et
le chapeau
qui fera fu-

reur demain sur les plages de la Manche ou aux thermes de Vichy.

Tantôt on est tout à la « sainte mousseline », aux crêpes vaporeux, aux gazes transparentes, et ce sont des roses tendres, des bleus de ciel lavé, et des verts argentés comme la feuille de l'olivier, et de la neige, et de la crème sur quoi tranchent l'éclatant saumon et les chromes vifs. Tantôt ce sont les taffetas diamantés, les satins duchesse, les moires changeantes, les soies brochées aux plis raides et cassants, ou bien les surahs et les foulards dont la souplesse moule si bien le corps ; et ce sont des étoffes à reflets changeants, ou

bien aux nuances passées, vieil or,
roses éteints, hortensias pâlis ; des
festons et des ramages, bouquets
et parterres semés sur le fond clair
des jupes, évocation dans un cadre
très moderne d'un siècle évanoui et
d'une grâce disparue — Watteau au
Concours hippique.

Des semaines durant, elle a rêvé
de ce costume sensationnel destiné
à être contemplé de tout Paris, elle
s'est passionnée pour des nuances,
emballée pour des reflets, elle a
discuté des coupes, pâli sur des
modèles, n'a eu de pensées que pour
cette capitale inauguration. Et il a
fallu, quand la toilette-type a été

trouvée, commander le chapeau harmonique et l'ombrelle assortie, après quoi un doute étreint encore l'âme de la Parisienne, anxieuse de savoir si la foule consacrera l'arrêt de son goût, et de connaître sur quoi s'est fixé de son côté le choix mystérieux et troublant des bonnes amies.

Mais le costume réussi à souhait et tous les accessoires étalés à côté de lui, depuis la veille, dans le boudoir aux persiennes closes, la Parisienne n'est pas tranquille. Elle interroge avec angoisse le baromètre, elle consulte le bulletin météréologique, note les dépressions, frémit aux perturbations magnétiques, et dès l'aube s'inquiète du vent et se désole des cirrus et des cumulus entrevus à l'horizon.

C'est qu'une fâcheuse expérience lui a révélé les périls de ce capricieux mois de prairial, fécond en

averses, qui semblent choisir de préférence, pour s'épandre, la semaine internationale — la grande semaine, comme disent les fervents du turf ouverte à Auteuil avec le Grand Steeple-Chase et close à Longchamps par le prix de 200.000. Elle se remémore, en tremblant, telles années où dans un décor religieusement britannique, sous un ciel de suie qui semble avoir été reconstitué tout exprès pour donner à nos voisins l'illusion d'être restés *at home*, par un temps à ne pas mettre l'arche de Noé dehors, toutes les cataractes célestes font rage, toutes les urnes d'en haut se vident comme des calebasses débouchées.

C'en est fait alors des claires et frissonnantes toilettes de tulle et de dentelles, des crêpes vaporeux, des gazes nuageuses, et il faut renoncer à sortir les étoffes de fête et de lumière, pour arborer l'odieux water-proof et le ténébreux caoutchouc.

Le Grand Prix se court sous la pluie et dans la boue, devant un public d'ulsters et de mac-intoshes, cependant que sur la pelouse inondée ondule un horizon de parapluies.

Mais lorsque le ciel clément écarte de nous ces calices et s'habille d'azur et de clarté, Paris met vraiment toutes voiles dehors et nul autre jour dans l'année, l'exode vers le bois

d'un peuple en fête n'est aussi formidable et jamais cette franc-maçon-
nerie spontanée des foules que réu-
nit toute une ville sur le même point
n'a produit un si formidable agglo-
mérat.

Cependant l'Exécutif vient d'arri-
ver; les voitures présidentielles ont
dérangé pendant cinq minutes la
cohue des flâneurs et des parieurs.
Puis la troupe a rompu les haies, le
formidable va-et-vient des promeneurs s'est reformé, quand le second coup de cloche retentit; les
jockeys-pygmées, les bouts d'hom-
mes aux jambes arquées, au dos
bombé sous la casaque étincelante

se hissent, le plus souvent aidés
par la main d'un *lad* qui renforce

leur élan, sur les grands échassiers,
qu'entre une double haie de curieux
on conduit en main sur la piste.
Ils défilent lentement le long de
la lice, dans l'ordre de leur inscrip-
tion au programme, et prennent
leur *canter*, anxieusement observés

par les *cognoscenti*, qui notent tout haut leurs impressions. « Merveilleux, le passage de Florin, souple, élastique, le petit cheval, et avec ça un feu, un entrain... je vais aller remettre cinq louis. — Oui, mais regardez-moi Naphtol, quelle action coulante, allongée et ce qu'il couvre de terrain... Ce n'est pas comme Fil de Fer ; a-t-il un galop assez piqué, on dirait qu'il marche sur des tessons de bouteille. — Comment trouvez-vous Algésiras ? Il gagne à être sellé, mais il porte au vent ; décidément mastoc, l'Anglais, pas lord pour un sou, un vrai marchand de la Cité. — Tiens, qu'est-ce que c'est

que celui-là? — Le *Desdichado*, qui
avait été « tuyauté » dans le Jockey, et

qui est arrivé dernier ; on ne l'a pas
vu dans le paddock, il est resté en-
fermé ; il a de l'abatage ce coco-là,
il parait très bien ; mais bah ! c'est
du 5o contre 1, et on n'en fait plus
des Vasistas ! »

Mais les chevaux reviennent len-

tement au poteau de départ. Tandis qu'ils se rangent avec plus ou moins de docilité sous les ordres du *starter*, personnage de bleu vêtu, et qui tient un drapeau rouge, séditieux au père Lachaise, mais toléré à Longchamps, regardons du haut des tribunes l'incomparable décor.

De Bagatelle à Meudon, où les villas éparses mettent des taches blanches et rouges dans la masse sombre des coteaux, les hautes frondaisons moutonnantes déroulent leur cadre ininterrompu de verdure, d'où jaillit la svelte et colossale armature de la Tour. Derrière, le Mont Valérien étage ses gradins, écrasant son sommet des lourdes assises de la forteresse, et Saint-Cloud, couronné par les crêtes majestueuses du parc est comme une coquette ruche de pierre attachée aux flancs de sa colline, dévalant en taches de clarté jusqu'à la Seine dont le mince lacet d'argent luit derrière les derniers arbres du bois vers Suresnes.

Sur l'immense pelouse, du Moulin à la porte de Boulogne, ondule

une formidable fourmilière humaine secouée d'un incessant mouvement de va-et-vient, pleine de courants et de remous où les claires ombrelles piquent dans la masse sombre des notes gaiement multicolores. Des uniformes de soldats se pressent le long de la corde, contenant difficilement les poussées de la foule qui se rue vers la piste, des files d'équipages variés, sapins, cabs, victorias, landaus, phaétons, où l'on boit du champagne, debout sur les coussins,

s'alignent en face des tribunes, les

baraques du Mutuel sur lesquelles
de hardis ascensionnistes sont grim-

pés et la tente du buffet de Rouzé forment des îlots immobiles dans le grouillement des piétons, et tout au bout de l'hippodrome, de l'autre côté de l'enceinte, on peut, avec la lorgnette, distinguer des grappes humaines disséminées dans les arbres, un « paradis » inattendu a été improvisé par des spectateurs qui assistent à la représentation sans bourse délier.

Tout à coup une rumeur court sur l'hippodrome, les jumelles sont braquées sur la piste, le *starter* vient d'abaisser son drapeau. Les comparses chargés de faire le jeu pour leurs compagnons d'écurie prennent la tête, forçant de leur mieux le train, tandis que ceux-ci attendent à l'arrière-garde, la tête dans le poitrail. La situation ne change pas jusqu'au tombeau russe, où les chevaux sont encore en peloton, à une dizaine de longueurs des *leaders* qui commencent à donner de légers signes de détresse. Ceux-ci sont rejoints dans la descente où Fil de Fer prend la tête, suivi de Little Bob, l'anglais, et d'Algésiras, tandis que derrière eux Florin et Naphtol, côte à côte, se surveillent, et que El Desdichado, à leur croupe, tire à pleins bras.

Le favori entre le premier dans

la ligne droite, collé à la corde, avec,
à sa gauche, tout près, le champion
d'outre-Manche. Algésiras est battu.
Mais les deux chevaux sont montés,
leurs jockeys lèvent la cravache, et
à la hauteur des premières tribunes
ils sont rejoints par Naphtol et par
Florin. Une rumeur bourdonnante
d'océan monte dans l'air, une clameur
faite de mille clameurs, une explosion
formidable de cris, d'interjections,
d'espoirs et de regrets exclamés,
des excitations, des acclamations,
parmi lesquels ces phrases se croisent comme des épées : « Le favori
est battu ! — Enfoncé, l'Anglais !
— Florin va gagner ! — Naphtol

au petit galop ! — *Go on*, Florin ! —
Naphtol, Naphtol ! C'est Naphtol ! »
Et en effet, celui-ci a pris une demi-
longueur, qu'il conserve, sur Florin,
lorsque à cinquante mètres du poteau
El Desdichado, sortant des nuages,
apparaît au milieu de la piste, dé-

passe en quelques bonds ses concurrents et passe le poteau les « mains

basses », *ridiculous easy*, dit un Anglais, philosophe ; « dans un fauteuil » ! s'écrie rayonnant mon voisin, qui l'a pris pour un louis, — battant Naphtol de trois longueurs, selon la déclaration du juge. Un silence consterné, qui est la leçon des outsiders, accueille cette victoire inattendue, et tandis que la masse des parieurs, dépités, souligne de commentaires désobligeants ce démenti porté à la forme publique, rappelle la piteuse exhibition du cheval à Chantilly, les connaisseurs font remarquer à propos de Fil de Fer combien il est difficile de « garder » un cheval pendant quinze jours, ex-

pliquant que le vainqueur fut vic-
time d'une bousculade dans le prix
du Jockey-Club, et trouvant dans le
résultat du jour une nouvelle raison
de célébrer la glorieuse incertitude
du turf — un mot aussi populaire de
l'autre côté du détroit que le splen-
dide isolement de lord Beaconsfield.

Il reste encore deux épreuves à
disputer, sur lesquelles les parieurs
« culottés » vont essayer de se re-
faire, mais le grand public ne prend
qu'un mince intérêt à cet entremets
hippique, et l'actuelle préoccupa-
tion d'un certain nombre de curieux
est de savoir ce que *El Desdichado*
va rapporter au « totalisateur ». Va-

sistas qui, en 1889, donna 830 francs
pour 10 francs au pesage et 723 pour
5 francs sur la pelouse détient le record du Grand Prix. Les Inaudi de
la chose, ceux qui quelques se-
condes avant le départ font le relevé
de chaque tableau, additionnent les
mises et calculent ainsi de façon
approximative, mais assez exacte-
ment, le rapport probable de chacun
des concurrents, annoncent que les
parieurs du numéro 9 vont toucher
entre 6 et 700 francs. Ça ne se
trouve pas tous les jours sous les
sabots d'un cheval. Cependant les
statisticiens rappellent que la plus
forte cote donnée par le pari mu-

tuel fut obtenu le
1er mai 1887, le
jour même où l'on
inaugurait sous le
patronage de l'État
ce mode de pari
— auparavant ex-

ploité par des particuliers, puis in-
terdit — lorsque les preneurs d'Ali-
boron reçurent 4.261 francs pour un
louis.

Hélas ! ce sont ces « rapports »
fantastiques, cette petite fortune dé-
crochée sans effort, en quelques fou-
lées de pur-sang, l'appât de billets
bleus conquis avec une simple « roue
de derrière », la décevante chimère

poursuivie en ces bouts de cartons débités aux guichets du Mutuel, qui ont développé chez les petits dont le labeur arrivait à peine à joindre les deux bouts, le goût du jeu quotidien, les exodes vers les hippodromes où chaque jour se tirent les tombolas hippiques.

Ceux que le travail retient encore parient tout de même, vont dans les débits de vin ou de tabac, où les tenanciers du jeu clandestin reçoivent leurs commissions et prennent leur « galette », sans jamais se couvrir ni exécuter les ordres reçus, assurés que les sept pour cent de l'insatiable cagnotte auront vite raison du joueur. On accepte là les mises les plus modiques, à partir de 1 fr. 25, avec reports, parolis, martingales, et autres systèmes revus et perfectionnés pour augmenter les chances de perte et drainer les écus au fond des bas de laine.

Pour les décavés et les purotins du turf, qui n'ont pas le moyen de passer aux tourniquets des hippodromes, de verser le franc exigé pour l'entrée d'Auteuil ou de Longchamps, les trois francs perçus à Saint-Ouen et dans les autres suburbains, et qui veulent avoir tout de même les émotions de la course, des paris, il y a le petit *betting*. En dehors de l'enceinte payante, sur une route ou une allée avoisinant l'hippodrome, s'installe une sorte de cour des miracles sportive, club des pannés du ruisseau, rendez-vous de sans-travail et de sans-le-sou, qui descendirent tous les échelons du jeu, et qui, tenaillés par l'invincible passion, incapables d'un autre effort que leur vice, rêvent encore le gain impossible, obtenu avec le prix d'un paquet de tabac mis sur quelque fabuleux *outsider*.

Ils ont des bookmakers qui font la cote, reçoivent des paris dont les louis sont des centimes, et qui, tra-

qués par la police, paient de sub-
tils guetteurs, chargés d'éventer les
agents et de donner l'éveil lors-

qu'ils arrivent. Naturellement ce
ring de grand chemin est quelque
peu mobile et erratique, sujet aux
migrations quand les agents des
jeux sont en humeur de faire du

zèle. Mais dans les périodes de calme il a ses emplacements déterminés dont un journal spécial donnait dernièrement la liste. Qu'il suffise de dire pour l'édification de Clio, qu'à Longchamps il tient ses séances au bord de la Seine, entre la passerelle des eaux de l'Avre et le pont de Saint-Cloud ; à Auteuil dans l'allée de la Reine-Marguerite, et à Maisons — car il se risque parfois jusque-là — au bout du pont de Sartrouville.

Lorsque le ciel est resté clair et vêtu d'azur, ceux que rien ne presse ne se hâtent point de partir, la dernière course finie. L'enceinte du

pesage avec ses pelouses de parc
anglais, ses parterres éblouissants,
ses ombrages de fraîcheur, est
comme un vaste salon fleuri où l'on
se repose des fatigues et des bous-
culades de la journée. Sur les chaises dispersées à profusion devant et
derrière les tribunes, sur les bancs
du paddock, et dans ce salon des
dames où les demi-mondaines se
succèdent sans interruption pendant
la durée des courses, salon de coif-
fure et de peinture où ces dames
réparent les désordres de leurs fri-
sons, se poudrerisent, font leurs
lèvres, salon de repos aussi, partout des groupes se sont formés,

des spectateurs se sont assis, et l'on savoure la douceur de l'atmosphère, la grâce du décor, le charme de l'heure.

D'autres se dirigent du côté de Suresnes, prennent le chemin des cafés et des restaurants, déserts quelques instants avant, et dont les tables en plein air sont prises d'assaut, en particulier boulevard de Versailles, où d'innombrables bicyclettes sont garées sur le trottoir. Les guinguettes des bords de l'eau, d'où sortent des relents de friture, les tonnelles où l'on dîne au frais, les salons dont les fenêtres s'ouvrent sur la Seine et d'où l'on voit passer

les bateaux en vidant son verre, et

les traiteurs et les bistros des ruelles qui descendent vers le quai, partout où l'on trouve des tables boiteuses, des chaises debout sur trois pieds, voire des bancs au fond d'une cour, tout est envahi par l'impétuosité d'une foule dont le grand air et les émotions du jeu ont creusé l'estomac.

Quelques-uns poussent jusqu'à Saint-Cloud ou gagnent Auteuil et le Point-du-Jour, en quête, eux aussi, du dîner à la campagne. Mais la masse rejoint la capitale immédiatement, les bateaux, le chemin de fer, les tapissières et les chars à banc de toute forme et de tout modèle, véhiculent tous ceux qui n'ont pas leur

équipage ou qui ont reculé devant
les frais du vulgaire mais tout de
même coûteux locatis.

C'est vingt-cinq ou trente francs
pour la journée, de huit ou dix francs
pour le retour, les compagnies exi-
geant ces jours-là de leurs cochers
une moyenne plus forte que d'habitude. Les commissionnaires, ou-
vreurs de portières, et toute la cohorte des lestes gavroches, ramas-
seurs de mégots, circulent entre les
chevaux et les voitures, et ces cris se
croisent : « Le 3238 ! Le 2514 ! Le
cocher Jean de la rue du Helder !
Antoine du boulevard Malesherbes !
Une voiture libre ! Huit francs pour

la rue de Richelieu! » Un sportman qui cherche lui-même le véhicule rapatrieur et qui offre cent sous reçoit cette réponse: « Est-ce qu'on est nourri? » Des cochers ont mis leur mouchoir au bout de leur fouet, afin que le « bourgeois » les retrouve plus facilement, et de fait, à l'exception des privilégiés porteurs de coupe-file et dont les équipages stationnent au carrefour des Tribunes, derrière l'entrée du pesage, c'est une besogne ardue de retrouver dans l'interminable queue qui s'allonge tout le long de l'Allée du bord de l'eau, le fiacre précis qui vous voitura.

On part cependant. Les plus pres-
sés prennent les routes détournées,
passent par les allées relativement
solitaires où le cheval peut aller d'un
trot régulier, gagnent le carrefour
des Cascades et la porte de Passy.
Les autres défilent au pas par la
fashionable allée de Longchamps,
rejoignent l'avenue du Bois-de-Bou-
logne et descendent les Champs-Ely-
sées. Des milliers et des milliers de
spectateurs sont venus assister au
Grand Prix, regarder les équipages
attelés de majestueux carrossiers,
aux impeccables allures, les *steppers*,
aux brillantes actions, les trotteurs
qui, si on les lâchait, feraient le

kilomètre en deux minutes, les
« teuf-teuf » aux caisses étincelantes,
et l'éblouissement des toilettes
aperçues dans une brève vision.

Répandus sur les bancs et sur les
chaises des vastes avenues, il leur
semble qu'en voyant passer ceux
qui, tout à l'heure, étaient encore
dans les tribunes de Longchamps,
ils ont eu leur part du spectacle,
qu'on leur en apporte l'écho et le

reflet, et ils s'imagine-
ront demain qu'ils y sont
allés. Et peut-être, en dé-
finitive, cette manière de
voir le Grand Prix sans
avoir passé de nuit blan-

che à se demander si la toilette en

retard arrivera à temps, sans ris-
quer même un *dollar* sur quelque
« buveur d'air » imposteur, sans

émotions, sans bousculade, sans fatigue, est-elle la bonne. C'est pour le philosophe, dont la bourse n'a subi aucun délestage fâcheux, une jouissance de savoureux égoïsme, quelque chose comme le *suave mari magno* du poète à l'usage du club des pannés, que de noter au passage la mine déconfite des gens qui perdirent la forte somme. Il observe la façon dont, suivant son tempérament, chacun d'eux supporte sa mésaventure, l'air abattu de ceux-ci, la physionomie crispée de ceux-là, ces visages de déception et d'humeur au front barré par un pli profond, aux lèvres contractées par un dur

rictus, dans lesquelles on lit comme

dans un livre. Toutes ces faces de
Perrette dont le pot au lait versa, et
dont la couvée s'est envolée sous
les sabots d'un cheval, soulèvent en
lui un rire intérieur, et il éprouve
une satisfaction intime à l'idée de
son budget soigneusement équili-

bré, dans lequel la fantaisie du jeu n'a point creusé de trou.

D'autres ont le gain bruyant, la veine insolente, et l'exubérance de leurs gestes, le rayonnement de leurs regards, l'animation de leurs traits, racontent la bonne fortune inspirée, crient l'heureux viol fait au sort. Et d'autres encore, sur lesquels la dent émoussée des émotions ne mord plus, las du gain comme de la perte, ennuyés, fatals, spleenétiques, passent comme une énigme vivante, comme la statue de Joueur chez qui la faculté de sentir est abolie, et qui du même geste automatique abat neuf ou tire un dix sur deux bûches.

Pourtant, la journée du Grand Prix n'est pas finie. La tradition veut qu'elle s'achève le soir dans les endroits de plaisir où Terpsichore s'encanaille, jette son bonnet par-dessus le Moulin-Rouge, vadrouille au Ca-

sino et au Jardin de Paris, depuis que Mabille a disparu. Il serait peut-être aventureux de prétendre qu'une chorégraphie vive et animée entraîne dans l'échevelement des quadrilles ou dans les volutes serpentines de la farandole, les hôtes de ces prétendus temples du cancan. Il n'est plus guère que les professionnels pour y lever la jambe, et les autres se contentent de célébrer la victoire du champion national en y buvant des boissons anglaises et américaines en compagnie de jeunes personnes dont le cosmopolitisme ne laisse rien à désirer. Sur le coup de deux heures du matin, quand les têtes sont échauffées, quelques pugilats qui ne rappellent que d'assez loin Fontenoy, mettent aux prises les tenants de la *greater Britain* et de la « belle France », comme disent nos voisins quand ils sont en humeur de compliments,

et on y discute pratiquement le
problème ardu de la prééminence
entre la boxe et le chausson. Après
quoi, pour vider d'une façon défini-
tive la question de suprématie, on
fraternise à la même table, et l'on
compare impartialement les mérites
d'un *last drink*, confectionné suivant toutes les règles de l'art, et

d'une marquise
au champagne.
Ainsi finit l'apo-
théose de la plus
noble conquête,
qu'au dire de
M. de Buffon,
qui ne connais-

sait ni l'automobilisme ni le pari-mutuel, l'homme ait jamais faite. Le lendemain, quiconque obéit aux décrets inéluctables de la mode et se pique de pratiquer les règles de la haute villégiature s'envole vers les plages de la Manche ou de l'Océan, émigre vers les thermes de l'Auvergne ou des Pyrénées, où les petits chevaux lui rappellent le tapis vert de Longchamps.

Mais la grande solennité hippique du mois de juin a une seconde édition au mois d'octobre, le Grand Prix du Conseil municipal, auquel les habitués du Bois ont déjà donné le nom de Grand Prix d'automne. Les statuts de la Société d'Encouragement ne lui permettant de donner des allocations qu'aux chevaux nés et élevés en France, c'est la ville de Paris qui, pour les trois quarts, fournit le montant du Grand Prix, épreuve internationale, le dernier quart étant offert par les Compagnies de chemin de fer. Et c'est elle encore, seule cette fois, qui donne les cent mille francs de la grande course d'automne, ouverte aux chevaux de tous pays. Fondée en 1893, tandis que le Grand Prix fut couru pour la première fois en 1863, disputée à une époque de l'année où les beaux jours se font rares, inférieure de moitié comme allocation à son aînée, elle ne réalisera sans doute pas la grosse recette estivale, qui a été parfois tout près de 400.000 francs et le Mutuel n'enregistrera point le chiffre obtenu en 1898, de 4.159.070 francs.

Pourtant, les conditions de la course accessible aux chevaux de tout âge, tandis que le Grand Prix n'est ouvert qu'aux chevaux de trois ans, et la présence habituelle de concurrents étrangers de haute classe, ont rendu rapidement populaire la nouvelle épreuve. Ce n'est plus la formidable cohue de juin, les cent à cent vingt mille piétons et les onze cents voitures de la pelouse, les douze à quinze mille promeneurs de l'enceinte du pesage, les six à sept mille fanatiques du pari entassés au pavillon, — c'est la bousculade discrète, l'affluence un peu grossie des beaux dimanches d'été, une occasion de rendez-vous donné à tous ceux que les plages *select*, les villes d'eau dans le train, la montagne en vogue viennent de renvoyer à Paris, et déjà on y essaye pour le proche hiver caché dans la coulisse, les étoffes et les coupes qui seront la mode de demain.

C'est un autre décor aussi qui dé-
passerait peut-être l'autre en beauté
avec ses ors et ses cuivres somp-
tueux, ses rouilles et ses terres de
Sienne brûlée, une fanfare de cou-
leurs éclatantes et superbes, quand
dans l'air fluide d'octobre la clarté
déclinante de l'astre incendie les
hautes frondaisons — n'était la tristesse qui flotte aux après-midi d'automne, cette tristesse faite de l'insen-
sible tombée des feuilles, de la briè-
veté des jours et de l'agonie des
choses évocatrices du long assou-
pissement de la nature.

Ce décor admirable et mélanco-
lique, on va le retrouver dans quel-

ques jours à Chantilly, plus fastueux et plus triomphal, dans la splendeur empourprée des futaies qui encadrent les étangs de Commelle et le château de la Reine-Blanche, dans cette forêt qui, en mai et en octobre, voit passer le flot éphémère des Parisiens, et dans les allées de laquelle les futurs vainqueurs du Jockey et du Grand Prix prennent leurs galops. Adossées à la forêt dont les derniers arbres poussent en plein pesage, les tribunes ont devant elles le bel hippodrome dont la montée a été fatale à tant de favoris du Derby français, la bordure de maisons et de villas, où vient finir le village, les écuries historiques et le château des Condés.

C'est ici la métropole du turf, le centre de l'entraînement et des écuries de courses, dont les élèves font leur travail sur le terrain des Aigles dans la route des Lions, sur la piste du Jockey-club. C'est ici qu'à la première lueur du jour se font les mystérieux essais, guettés par l'œil investigateur des *touts*, essais dans lesquels l'entraîneur pèse lui-même, à l'insu des jockeys, les carrés remplis de plomb et fermés d'un cadenas

qu'il met dans la selle, afin d'être
seul à connaître le poids porté par
chacun des concurrents qui doivent
prendre part au galop. Car le poids
est tout pour ces instruments de pré-
cision que sont les pur-sang ; une
livre est généralement regardée
comme l'équivalent d'une longueur
et il est évident que dans les sensa-
tionnels *dead heats* de Saint-Chris-
tophe et de Mondaine, qui deux fois
dans la même journée, arrivèrent tête
à tête sans que le juge pût décider qui
avait gagné, il eut suffi de changer
de cent grammes le poids de l'un ou
de l'autre pour modifier le résultat.

C'est ici, dans le Newmarket français, que les résultats déconcertants et inattendus, que les surprises fécondes en grincements de dents, que les cotes fantastiques, les *outsiders* fabuleux, les Saltarelle et les Gospodar, se donnent librement carrière. Les chevaux étant chez eux et n'ayant à opérer aucun déplacement pour courir, le nombre des concurrents est en général considérable et la conformation particulière de l'hippodrome ajoute une incertitude de plus à l'embarras du choix à faire. Mais l'attrait de la promenade en forêt, avant ou après les courses, la visite du château et des jardins, le plaisir de déjeuner dans la villa des

Condés et d'y être écorché
par des hôteliers dont les

garçons vous susurrent à l'oreille

le dernier tuyau, le bouquet de muguet rapporté au printemps et dont les clochettes ont une si fraîche et si élégante grâce sylvestre qu'on oublie qu'il vous coûte parfois vingt-cinq louis, tout cela fait du voyage de Chantilly un déplacement mi-partie hippique, mi-partie champêtre, qui n'a pas d'analogue. Le *Derby day* y amène une véritable foule très élégante et très *smart*, très encombrante aussi, qui met trop de senteurs d'ylang-ylang et d'opoponax, trop de chapeaux-volières ou corbeilles de fleurs dans les layons de la forêt, et combien ont plus de charme les tranquilles jeudis de printemps ou d'automne, sans descente du chic ni invasion de la « gomme ».

Longchamps et Chantilly fermés, Auteuil rouvre ses portes, closes en juillet, et les steeple-chase font les capucins de cartes sur les murs et sur les rivières jusqu'en décembre. Seuls, la neige et le gel, funestes aux Bucéphales raccommodés qu'on met sur les obstacles quand les courses plates n'en veulent plus, interrompent ces sauteries *sub Jove*. Bise ou déluge, rafales ou cataractes, on court sous l'ondée et dans la boue, les casaques ruisselantes collées sur la maigre échine des jockeys jusqu'à l'heure crépusculaire où la nuit descend en nappes d'ombre.

Mais c'est en juin, durant les claires journées d'été, quand les fleurs montent en festons le long des tribunes, quand l'immense tapis d'émeraude semble détaché de quelque paysage d'Erin ou d'Écosse, qu'il faut voir l'hippodrome du steeple-chase. Il a, lui aussi, son Grand Prix, sa timbale de 120.000 francs à décrocher, et le rendez-vous donné aux sauteurs d'outre-Manche est tous les ans accepté. De fondation plus récente que celui de Longchamps, c'est le champ de courses nouveau jeu, c'est l'hippodrome dernier cri, avec ses élégants pavillons, ses buffets multi-pliés, son sou-terrain commu-niquant de la pelouse au pe-sage, ses pis-tes entre-croisées, ses bara-ques de

Mutuel disséminées aux deux bouts de la piste, et qu'à la pointe extrême jouxtant Passy les « pelousards », pittoresquement, ont appelé le Ton-kin.

Il a, lui aussi, son Grand Prix, sa timbale de 120.000 francs à cueillir, et le rendez-vous donné depuis 1874 aux sauteurs d'Outre-Manche est tous les ans accepté. Peut-être, à la différence de la Croix de Berny, où il fallait galoper dans la terre labourée, franchir une rivière qui était venue là toute seule, fournir un parcours accidenté par la nature et faire une véritable course au clocher, l'hippodrome d'Auteuil est-il trop peigné, trop ratissé, trop passé au rouleau, trop parc anglais et law-tennis. Quoique nos rivaux britanniques aient remporté neuf fois le grand Steeple-Chase de

Paris, les obstacles qu'ils rencontrent ici les désorientent quand ils ont sauté « les montagnes » de Liver-

pool, et ils ont quelque peine à suivre nos chevaux qui vont d'un train de locomotive. Pourtant le mur en terre et le mur en pierre, les rivières, le brook, la banquette, le bull-finch et les claies ne sont point des jouets d'enfant, et le cheval qui accomplit en huit minutes et demie les 6500 mètres du parcours n'est pas précisément pied-bot.

Sans doute si les courses sont le véritable criterium pour l'amélioration de la race et la pierre de touche de la sélection, les steeple-chases dont l'élite est écartée ne sauraient servir de base sérieuse, et ce n'est pas un très sûr moyen de perfectionner l'espèce que de détériorer les individus. Mais il est incontestable qu'au point de vue du coup d'œil,

Auteuil, avec la série variée de ses
parcours, ses rivières, ses haies, sa
mise en scène sans cesse renouvelée

de dérobades, de chutes, de plon-
geons dans les rivières est le plus
pittoresque et le plus animé des
spectacles.

Ce n'est pas tout. En dépit de la promesse qui fut faite aux Chambres d'écourter le calendrier hippique, il y a à Vincennes un hippodrome admirablement conformé pour les courses d'obstacles, mais où on donne surtout des courses plates et des courses au trot. Il y a Neuilly-Levallois, exclusivement consacré au *trotting*; Saint-Ouen et Enghien, où l'on saute; Colombes, obstacles et plat mêlés; Maisons-Laffitte, dévolu entièrement aux courses plates.

Colombes, Enghien et Saint-Ouen sont de simples tourniquets où les chevaux courent en rond les uns près les autres, mais l'hippodrome de Maisons avec son immense ligne droite est un des meilleurs de France. C'est aussi l'un des mieux aménagés et des plus élégants. Parterres fleuris, coquets pavillons de la salle des balances et du salon des dames dressés dans le pesage, estrade installée sur la pelouse et du haut de laquelle les assistants suivent commodément les courses, puits et réservoir grâce auxquels on peut arroser nuit et jour les pistes, halte de chemin de fer récemment organisée, et qui permet de déposer les voyageurs à la porte même du champ de courses, il est fait pour l'agrément des yeux, le confort des spectateurs et les tendons des chevaux.

Les courses ont pris depuis une vingtaine d'années une telle extension que certains suburbains, comme on appelle ces cirques de la banlieue parisienne, ont plus que décuplé leur budget, et Maisons rivalise presque avec Longchamps sous le rapport des allocutions.

En 1879, il y avait à Maisons quinze réunions, avec, par journée quatre prix variant entre 1.500 et 2.500 francs. Ces soixante prix s'élevaient ensemble à un total de 104.000 francs pour l'année.

En 1898, il y a eu trente-sept journées de courses, chaque réunion comportant six prix. Quelques-uns de ces prix sont, comme le prix Boïard, de 5o.ooo francs ; comme le prix Lagrange, de 3o.ooo, comme le prix Delatre, le prix Godolphin, le prix Ragotsky, le prix Monarque, le prix de Flore, le prix de la Tamise,

de 20.ooo ; comme le handicap Optional, le prix Lutin, le sixième Biennal, le prix Grandmaster, le prix de Beauvais, le Criterium International , le septième Biennal, le prix Eclipse, de

15.000, et il y en a seize de 10.000. L'ensemble de ces deux cent vingt-deux prix se monte à 1.407.000, sans compter les encouragements donnés à quelques sociétés de province. Longchamps et Chantilly absorbent par an un peu plus de 2.000.000 de prix pour trente-six journées de courses. 3.100.000 francs avec les départements. Nous sommes loin du temps où la Société d'encouragement — elle date de 1833 — recevait de l'État une subvention de 87.000 francs par an, et mettait seize années à distribuer un million de prix.

C'est, avec le produit des entrées, la cagnotte du pari-mutuel qui a permis aux sociétés de courses de suivre cette marche ascendante. Si on évalue à 700.000 francs — et ce chiffre est bien dépassé les dimanches et jours de fête — le montant des sommes qui sont versées quotidiennement à leurs guichets, c'est 28.000 francs qu'elles retiennent par jour, l'État, qui garde 3 p. 100 sur 7 perçus, en touchant de son côté 21.000. Considérez qu'il y a environ — sans compter les

réunions de province où le prélèvement du mutuel est de 10 p. 100
au lieu de 7 — deux cent cinquante
journées de courses par an, et cons-
tatez que le jeu légal draine ainsi
plus de dix millions par an dans les
poches des habitués des hippodromes.

On peut dire de ces millions ce
que disait le baron Louis de ceux
du budget : « Saluez-les ; vous ne
les reverrez plus. » Jamais plus ils
ne reviendront dans les mains de
ceux qui les ont laissé choir au fond
des caisses du Mutuel, qui ne rend
pas l'argent. C'est le Minotaure offi-
ciel qui digère indifféremment bank-

notes, louis d'or et pièces de cent
sous, et auquel il faut bon an mal
an sa provende de billets bleus et
d'espèces sonnantes. Au temps où
les bookmakers florissaient, il restait toujours l'espoir, plutôt chi-
mérique, sans doute, de leur faire
rendre l'argent qu'ils avaient raflé.
Rien ne s'opposait théoriquement à
cette reprise par la veine des sommes que la malchance avait fait
perdre. Quand une série de favoris
était signalée, les sacoches se dé-
gonflaient rapidement.

Avec le Mutuel c'est la tonte méthodique et régulière. L'implacable
arithmétique démontre que grâce

au prélèvement des 7 p. 100 régle-
mentaires il suffit, même sans
perte, de jouer quatorze fois un capital quelconque, c'est-à-dire, à cinq
courses par réunion, de jouer pendant environ trois jours, pour que
ledit capital ait passé à l'état de mus-
cade, se soit évaporé en fumée,
dilué, résolu en songes creux et
coquecigrues.

Il est évident que ce pourcentage
est exagéré et qu'il finira par tuer la
poule aux œufs d'or. Les 4 p. 100
attribués aux sociétés de courses
pouvaient s'expliquer au début, à
raison des frais de premier établis-
sement auxquels elles furent astrein-

tes. Aujourd'hui qu'elles n'ont plus
d'autres charges que leur personnel
à payer, ils sont excessifs et devraient
être réduits de moitié. Il n'est pas
moins certain que la promesse qui
avait été faite autrefois par le gou-
vernement de restreindre le nombre
des journées de courses n'a pas été
tenue et que du 1er mars au 1er dé-
décembre — à part le mois d'août
où le sport est transporté en Nor-

mandie — il n'y a pas dix jours de

chômage, dix jours pendant lesquels l'invite du Mutuel fouilleur de bourses et de portefeuilles n'attire sur les hippodromes parisiens la même éternelle clientèle de joueurs et de désœuvrés qui se passeraient plus volontiers de pain que des jeux du cirque et de la loterie.

En même temps, avec ces exhibitions quotidiennes de chevaux qui courent par tous les lieux et par tous les temps, on aboutit au plus cruel surmenage, et on ne compte plus les douloureux échantillons de la race améliorée dont les jarrets demandent grâce et dont les tendons refusent le service. C'est par centaines que les bêtes « claquées » défilent au Tattersall et chez Chéri, et il n'est pas de bidet de campagne qui se vende moins

cher qu'un pur-sang détérioré, encore que les plus *broken-down* retrouvent parfois des jambes qui les mènent à la victoire. Veut-on quelques exemples ? Gallia née en 1896, vendue le 29 octobre 1898 110 fr. ; Noah's Ark, née en 1892, achetée le même jour 150 francs ; Muguet, adjugé le 21 novembre pour six louis ; France, né en 1876, vendu le 25 novembre 100 francs ; Hellespont, né en 1896, acheté le même jour 200 fr.; Mississipi, né en 1892, vendu le 6 décembre 180 francs. Ceux et celles qu'on obtient pour des prix variant entre 200 et 500 francs sont légion, et l'on a pu, le 22 décembre dernier, avoir pour 280 francs à Saint-James, le cheval Longjumeau, gagnant de sept courses et de 26.000 francs de prix, qui n'était âgé que de sept ans. Pourtant les qualités de sobriété, de résistance et de vigueur du pur-sang, si utile quand il consent à se laisser atteler, sont incontestables. Il faut citer à cet égard l'exemple typique d'un chariot embourbé qu'un solide percheron ne pouvait faire sortir de l'ornière, et qu'un cheval de course qui passait par là, et que son propriétaire mit dans les brancards à la place du cheval de trait, dégagea d'un coup d'épaule, à la stupeur du charretier.

Si on tire trop sur la corde elle cassera. Déjà les pro-

phètes nous font entrevoir le règne prochain de l'automobile, le jour où la machine aura détrôné le cheval. Déjà les Américains, fanatiques du *go ahead!* et chercheurs d'inédit, organisent des courses de train et des luttes de locomotives. Entre Chicago et Omaha, deux compagnies rivales ont, pour un prix de 750.000 dollars, fait un match de 700 kilomètres, pendant lequel la compagnie victorieuse, la Burlington, a atteint le record de 90 milles à l'heure. A Denver, dans le Colorado, deux locomotives ont été lancées l'une contre l'autre, et l'écrasement de la Mac-Kinley par la Marck Hanna a excité des transports d'enthousiasme. Peut-être n'en sommes-nous pas encore là. Mais quand les pompes du Mutuel auront fini de

vider nos poches, il pourrait se faire
que nous montrions moins de muni-
ficence pour le pur-sang, et que,
fatigués du cheval, nous nous met-
tions comme en Amérique à « amé-
liorer » des locomotives.

TABLE DES GRAVURES